**Sandra Blasco Simón y
Juan Fernando Royo Jiménez**

APULEYO EDICIONES   FOMENTO DE VALORES   CUENTOS ILUSTRADOS

La historia de la increíble ESTRELLITA DE MAR

APULEYO EDICIONES   FOMENTO DE VALORES   CUENTOS ILUSTRADOS

A Pedro y Belinda, por enseñarnos a ser felices sin conformarnos.

A Mymi, no habría Sasa sin ella.

A María, por recordarnos a la estrellita cada noche.

A nuestros padres y madres,

porque sin ellos no seríamos estrellas en este universo.

Estrellita de mar era muy bella,
bella por dentro y por fuera.

Todos lo sabían,
todos menos ella.

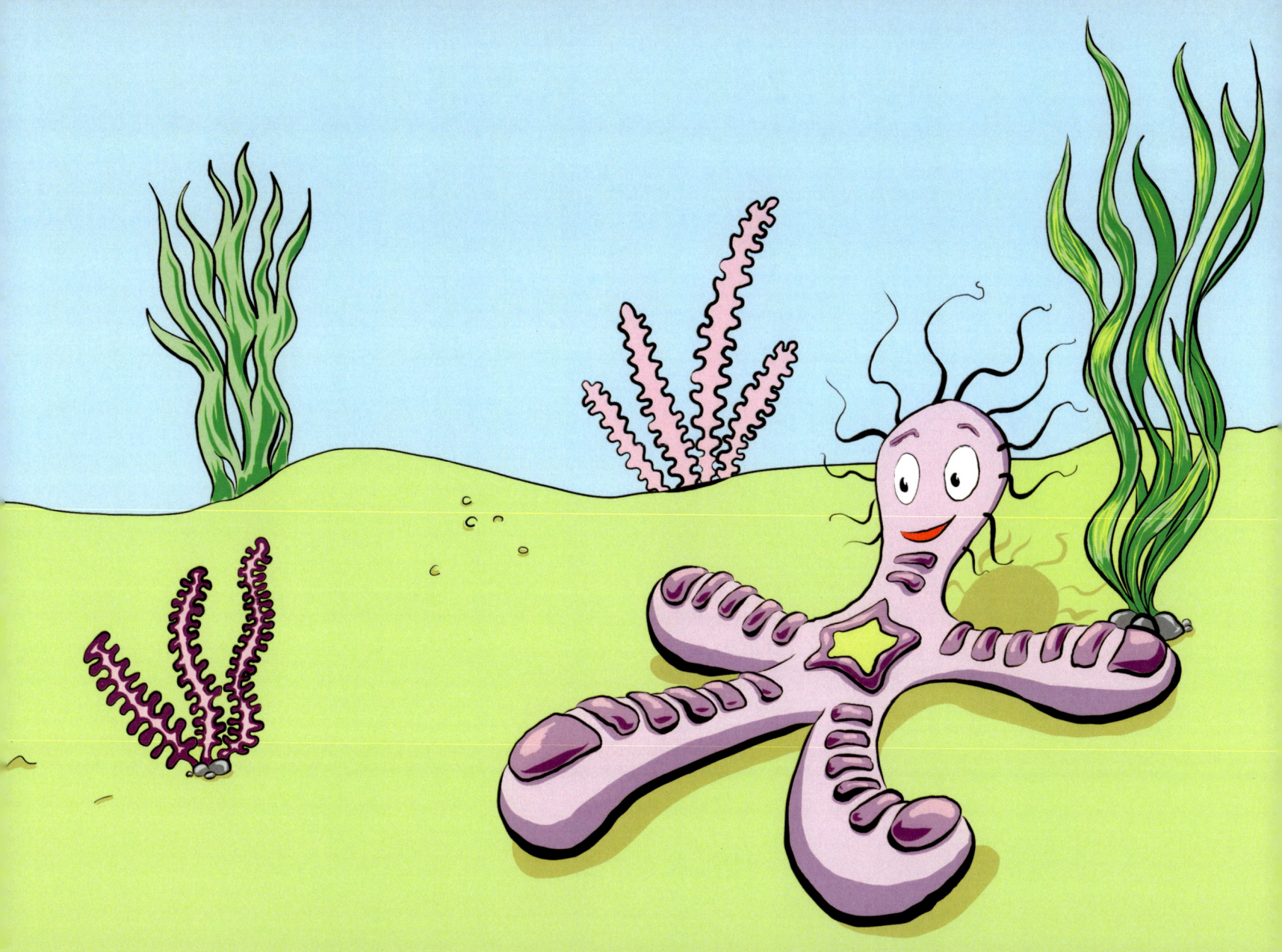

Los demás habitantes del océano lo repetían sin parar:

—¡Qué buena y bonita eres, Estrella! —
decían todos con los que se cruzaba
en el grande e inmenso mar.

Sin embargo, Estrellita estaba triste
y nada le hacía sonreír,
ni siquiera un buen chiste.

Un buen día, su amigo el cangrejo
se acercó a ella y le preguntó:

—¿Por qué estás tan triste, Estrellita?
¿Acaso no ves, que aquí está todo lo que necesitas?

Estrellita no podía dejar de observar el cielo,
lo miraba siempre con anhelo.

Le explicó lo mucho que envidiaba
a esas estrellas del firmamento,
su brillo y luminosidad,
y lloraba por ello,
juro que no te miento.

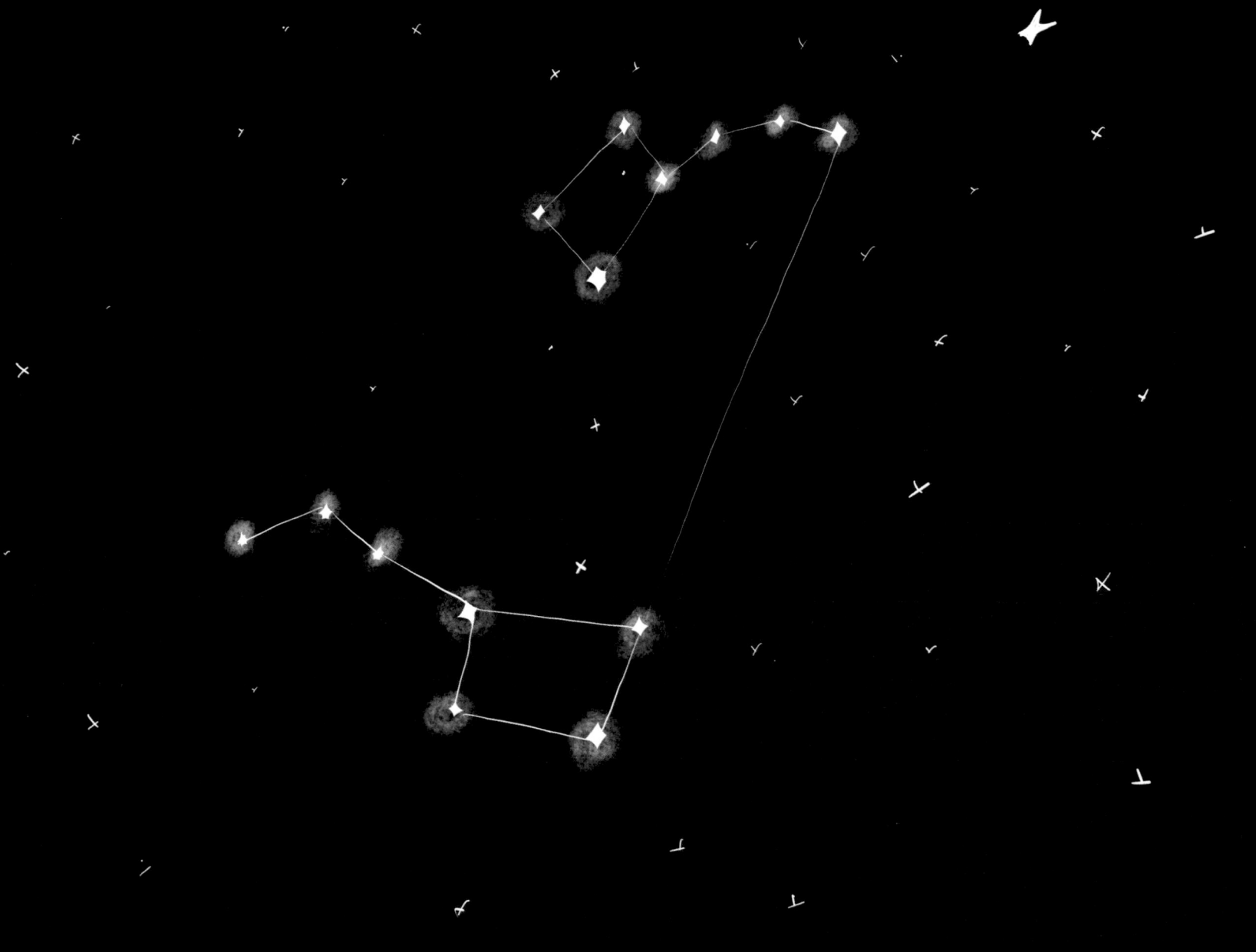

Compartían nombre, Estrella,
pero aun con todo se sentía más fea e inferior
que cualquiera de ellas.

Cada vez que se asomaba fuera del mar,
y cuando se tumbaba a descansar,
quería tanto ser estrella del firmamento
que a veces el deseo la comía por dentro.

—Tú eres valiosa por dentro y por fuera
—gritaron sus amigos para darle una sorpresa—,
no envidies a tus hermanas del cielo,
tú vales tanto como esa, esa, o esa.

A Estrellita le gustó la sorpresa,

pero no los creyó,

y queriendo ser de otra forma,

en una gran tristeza cayó.

Suspiraba, noche tras noche, contemplando el cielo,
hasta que la tristeza la cubrió con su frío y amargo velo.

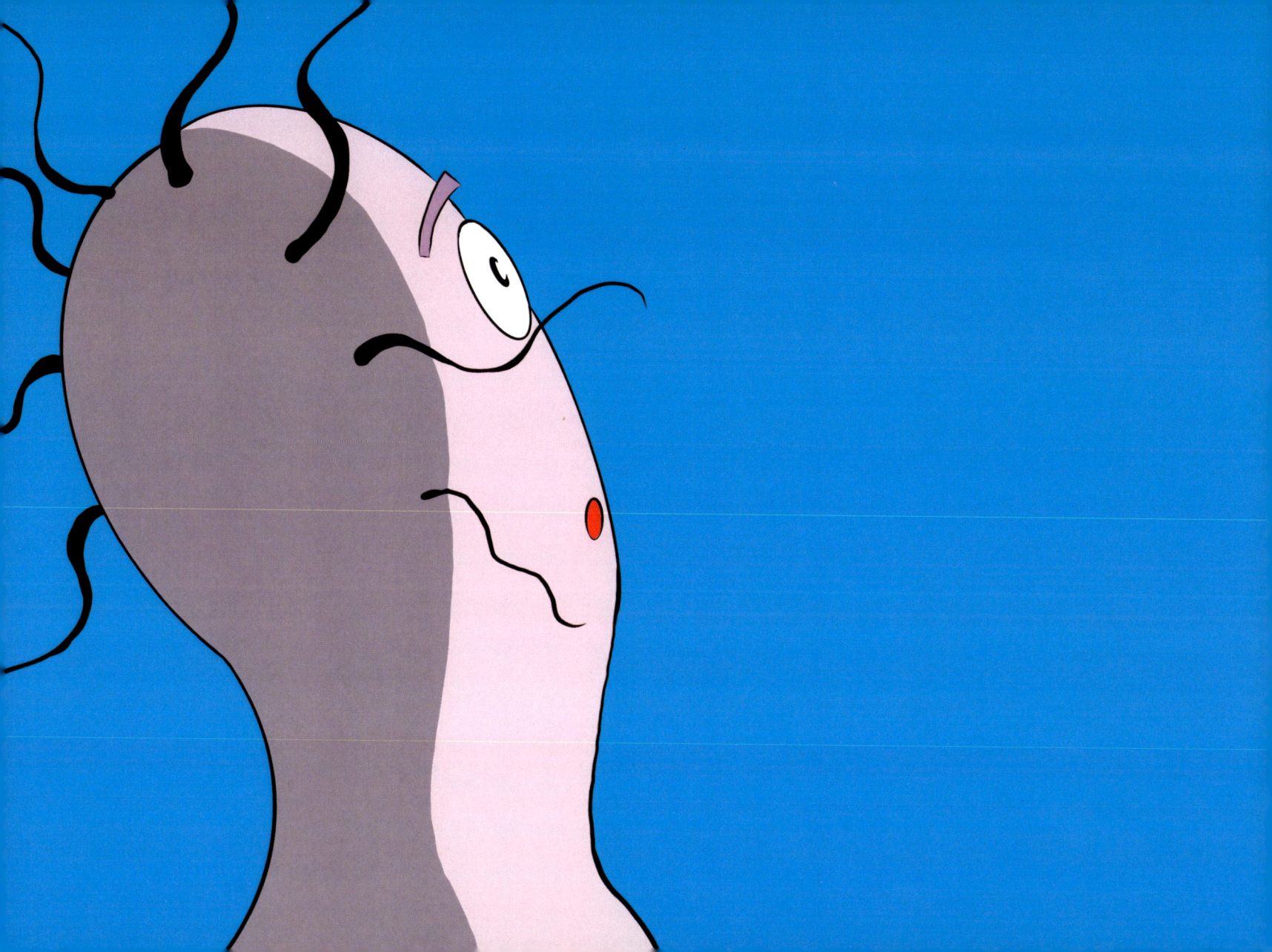

Esa noche,
Estrellita soñó ser estrella del universo.

Atentos a lo que sucedió,
que este cuento va de eso.

Bailaba y cantaba de lado a lado,
tenía todo con lo que había soñado.

Estrellita, a sus amigos, contenta llamó,
y, por un pequeño instante, dudó.

Entonces cayó en la cuenta,
sus amigos estaban lejos
y ella no sabía el camino de vuelta.

Ahora ellos quedaban atrás,
junto al mar y a todo lo demás.

Por mucho que
gritara y gritara
no conseguía que ninguno
de ellos la escuchara.

Tampoco al resto de
estrellas se podía
arrejuntar,
si parecían amontonarse
al mirarlas desde el mar.

Se sintió completamente sola,
echando de menos hasta una gran ola.

El cielo le parecía muy frío,
y su deseo, todo un desvarío.

Comenzó a llorar, solo quería
volver a la grande y profunda mar.

Se despertó sobresaltada,
pero se dio cuenta, animada,
que todo había sido una pesadilla,
sus amigos estaban a su lado,
ella saltaba, bailaba y reía.

Estrellita comprendió lo que aquello significaba,
aunque fuese perdiendo todo mientras soñaba.

Y es que nadie es dichoso y perfecto en todo momento,
y esto es tan real como las estrellas del firmamento.

Por eso, sé feliz tal y como eres,
con todo lo que te rodea y quieres,
no envidies nunca a los demás,
y la tristeza de ti alejarás.

Solo ese es el camino para poder ser felices,
en el cielo, en el mar o en cualquier otro lugar.

Canción de la increíble estrellita de mar

```
SOL                    DO           SOL    DO
Que te crees muy fea y no consigues brillar
SOL              DO                 SOL    DO
Y el cielo con tus bracitos quieres alcanzar
SOL                  DO          SOL    DO
Tienes una luz perfecta y diferente aquí
SOL                  DO        SOL    DO
Los que te aman lo han visto tal que así
RE              DO
Nada en el cielo, nada en el mar
RE              DO
Lo que más importa lo tienes ya
SOL/RE      DO            DO
Estrellita de mar, aunque te sientas perdida
SOL/    RE  DO          DO
Nunca sola estarás, en el mar y la arenita
SOL        RE  DO    DO
No envidies brillar más si tú tienes mucha luz
```

DO
Tú ya tienes mucha luz

SOL   DO   SOL DO
Dicen que últimamente no te ven sonreír

SOL   DO SOL DO
Aunque juegues una partida de parchís

SOL   DO SOL DO
No ves que no te hace falta nada más

SOL   DO SOL DO
El tesoro ya lo tenías en el mar

RE   DO
Nada en el cielo, nada en el mar

RE   DO
Lo que más importa lo tienes ya

SOL/RE DO   DO
Estrellita de mar, aunque te sientas perdida

SOL/ RE DO   DO
Nunca sola estarás, en el mar y la arenita

SOL   RE DO DO
No envidies brillar más si tú tienes mucha luz

DO
Tú ya tienes mucha luz

Autor: Jesús Albarrán

© Sandra Blasco Simón (de la obra)
© Apuleyo Ediciones (de esta edición)
Primera edición en Apuleyo Ediciones: Febrero 2025
Diseño de cubierta: Alejandro Rosas
Corrección: Aitor Andreu Guerrero
Maquetación: Alejandro Rosas
Ilustraciones: Mister.comic (Juan Fernando Royo)
Coordinación editorial: Isidoro Cidre González
info@apuleyoediciones.com
www.apuleyoediciones.com
ISBN: 978-84-1060-409-4
Depósito legal: H 493-2024

Hecho e impreso en España.

La historia de la increíble ESTRELLITA DE MAR

APULEYO EDICIONES   FOMENTO DE VALORES   CUENTOS ILUSTRADOS

Sandra Blasco Simón y
Juan Fernando Royo Jiménez

APULEYO EDICIONES   FOMENTO DE VALORES   CUENTOS ILUSTRADOS

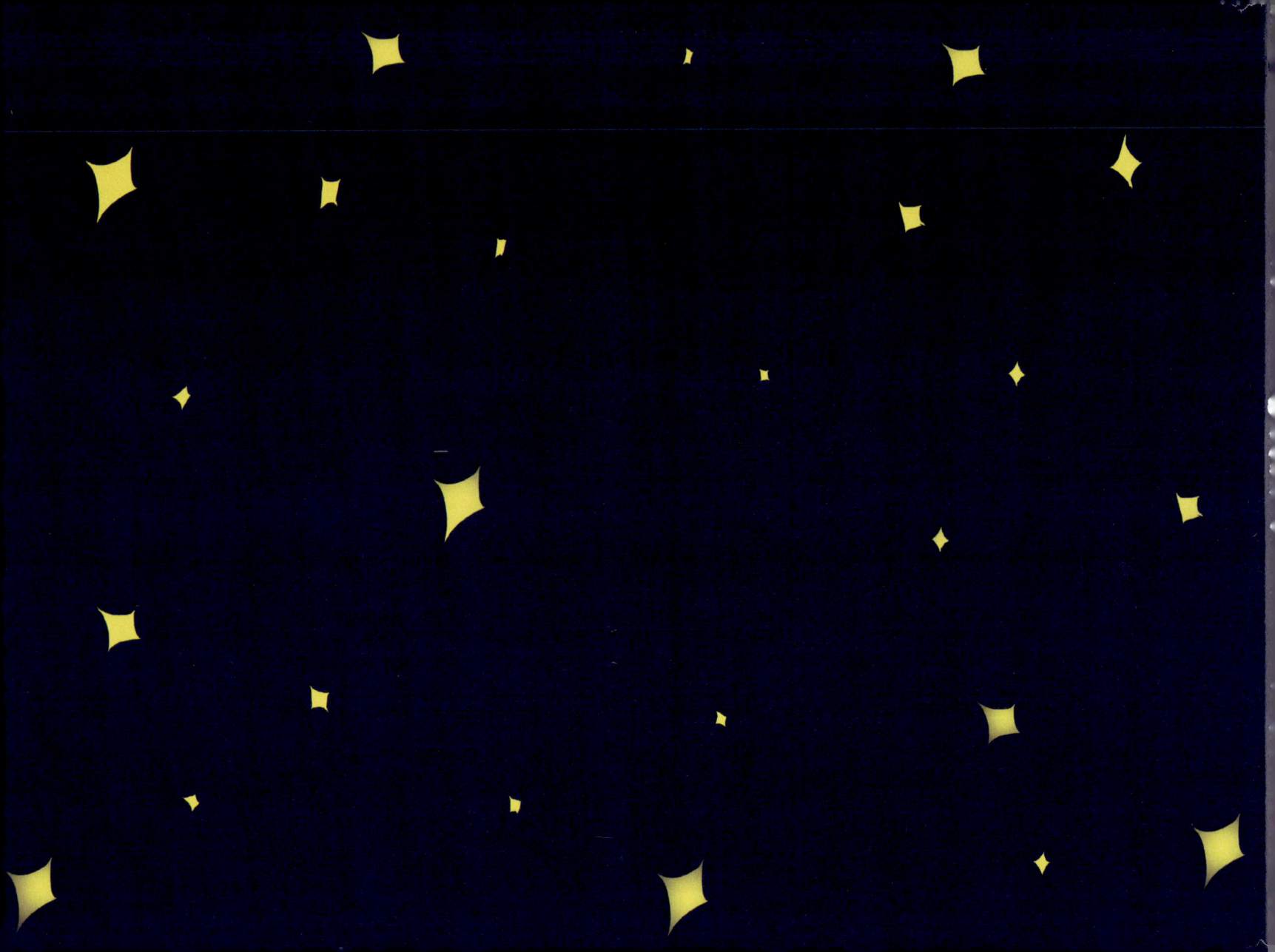